AF358031

NOTICE

DES

ESTAMPES

ET

LITHOGRAPHIES

EN NOIR ET EN COULEUR

Dont la Vente aura lieu

HOTEL DROUOT

SALLE N° 7

Le Samedi 22 Mai 1869

APRÈS LA VENTE DESMAISONS

Par le ministère de Mᵉ **QUÉVREMONT,** Commissaire-Priseur,
rue Richer, 46,

Assisté de **M. VIGNÈRES,** marchand d'Estampes,
rue de la Monnaie, 13, à l'entre-sol, entrée rue Baillet, 1.

PARIS

RENOU & MAULDE

Imprimeurs de la Compagnie des Commissaires-Priseurs,
RUE DE RIVOLI, 144

1869

DÉSIGNATION

<table>
<tr><td>1</td><td></td><td>30 pièces de choix de l'artiste</td><td>Pie</td></tr>
<tr><td>2</td><td></td><td>1 Baudouin (D'ap.). Jusque dans la moindre chose. Jolie dame éfeuillant une rose, par Masquelier. Belle ép.</td><td>F.</td></tr>
<tr><td></td><td></td><td>2 Bellangé. Sujets militaires, par Grenier, etc. 6 p. Très-belles ép.</td><td>F.</td></tr>
<tr><td>6 50</td><td></td><td>3 Charlet. Album lithographique. Sujets militaires. 17 p. Broché.</td><td>F</td></tr>
<tr><td></td><td></td><td>4 — Sujets militaires divers. 10 p.</td><td>F</td></tr>
<tr><td></td><td></td><td>5 Chromo-lithographie. Fleurs et fruits en ovale. 2 p.</td><td>S</td></tr>
<tr><td>2</td><td></td><td>6 — La Danse. — Jeu de Cache-Cache, d'ap. Lancret. 2 p. ovales en travers.</td><td>S</td></tr>
<tr><td></td><td></td><td>7 Decamps. Enfants effrayés d'une chienne — Le Chenil. 2 ép. sur chine. — Les Chiens savants. 3 p. Superbes épr.</td><td>F</td></tr>
<tr><td></td><td></td><td></td><td>S</td></tr>
<tr><td></td><td></td><td>8 Deroy. Vues de Suisse et Savoie. 20 p. lithog.</td><td>S</td></tr>
<tr><td></td><td></td><td>9 Drœhmer. L'Attente. — Mère et enfant. Coupées.</td><td>S</td></tr>
<tr><td></td><td></td><td>10 École anglaise. Prière de l'Enfant. — Enfants allant à l'école. 2 p. Coupées.</td><td>S</td></tr>
<tr><td></td><td></td><td>11 — La Poupée. — Sujet d'enfant. Manière noire.</td><td>S</td></tr>
<tr><td></td><td></td><td>12 Edelinck (N.). Mme de Sévigné, in-8, d'ap. Nanteuil. Belle ép.</td><td>F</td></tr>
<tr><td></td><td></td><td>13 Egleton. Confiance trahie. In-fol. coupé.</td><td>S</td></tr>
</table>

Miltgen 15   DuBois. 10

14 **Fiequet.** Mme de Maintenon. In-8 sur chine.

15 — Mme Deshoulières, par Savart. — La Fontaine avec la Fable. 2 p. in-8 sur chine.

16 — J.-B. Rousseau. Ancienne ép.

17 **Fuhr.** Médaillons choisis. — Christ en croix. Sacré-Cœur. — Vierge et Jésus. — Jésus et Saint Joseph. 5 p. coloriées d'ap. les grands maîtres.

18 — Vierge à la Chaise. — Vierge immaculée. 2 médaillons choisis, en couleur sur fond noir.

19 **Gavarni** (D'ap.). Nouveaux travestissements, gravés sur acier par Portier. 12 p. coloriées, brochées.

20 **Grandville.** La Caricature, n°s 90-91 coloriés.

21 **Landseer** (D'ap). Chasse aux cerfs en Écosse. Ep. coupée.

22 **Lithographies** coloriées. Petites dames et grand genre. 4 p. ovales.

23 — La Paix. — La Guerre. Sujets de chevaux. 2 p. coupées.

24 **Littret.** Mme de Pompadour. In-4.

25 **Moreau** et autres (D'ap.). Vignettes pour Pygmalion, Rousseau, etc. 19 p.

26 **Pérugin** (D'ap.). Le Christ descendu de la croix; on va l'ensevelir. Belle manière noire par Schultheiss.

27 **Pingot.** Mater dolorosa. In-fol. colorié.

28 **Planer.** Descente de croix, d'ap. Rotermund. Beau burin. Ép. coupée.

29 **Regnier.** L'Age d'or, 2 p. lithog. coloriées.

30 **Rosaspina.** Descente de Croix, d'ap. Corrège.

31 **Simmons.** La Laitière et pendant. 2 p. coupées.

32 **Sluyter.** Cantabimus et Psalemus. Coupée.

33 **Valperga.** Tête d'Enfant, d'ap. Mme Lebrun. Superbe ép. avant la lettre. (Mlle Lebrun?)

34 **Vernet** (Carle et Horace). Sujets militaires. — Tiens ferme — Petits, petits. Avant la lettre et autres. — Chevaux arabe, espagnol, etc. 14 p.

35 Amusements des soirées. — Caricatures de Gavarni, Pruche et autres. 20 p. Volume cartonné.

36 Sous ce numéro, les objets non catalogués.

CONDITIONS DE LA VENTE

Elle sera faite au comptant.

Les Acquéreurs paieront CINQ POUR CENT en sus des enchères.

RENOU et MAULDE, imprimeurs de la Compagnie des Commissaires-Priseurs rue de Rivoli, 144   24572

3/

VI avant la lettre